SINÄ & MINÄ

Täytettävä kysymyskirja pariskunnille

TÄYTÄ MISSÄ TAHANSA
HUVIN VUOKSI TAI
PEREHTYÄKSENNE TOISIINNE PAREMMIN

SINÄ JA MINÄ – KIRJA ON ROMANTTINEN JA
HAUSKA TEE-SE-ITSE MUISTELMAKIRJA, JOKA
ON OIVA VÄLINE POHTIA JA MUISTELLA
YHTEISTÄ TAIVALTANNE, SEKÄ OPPIA
TOISISTANNE JOTAKIN UUTTA.

PARISUHDE VOI AINA KEHITTYÄ JA TÄMÄN
KIRJAN AVULLA VOITTE KEHITTÄÄ
SUHDETTANNE ENTISESTÄÄN TÄYTTÄMÄLLÄ
KIRJAN KYSYMYKSIÄ.

Kustantaja: BoD – Books on Demand, Helsinki,
Suomi
Valmistaja: BoD – Books on Demand,
Norderstedt, Saksa
ISBN: 978-952-80-0627-5

Nimemme:

Päivämäärä tänään:

Kuinka kauan olemme tänään tunteneet?

Piirtäkää kuvat toisistanne:

Missä ja million tapasimme ensimmäisen kerran?

Mitkä olivat ensimmäiset ajatukset, kun näimme toisemme?

Kumpi teki aloitteen ensikontaktissa ja mitä sanottiin?

Edesauttoiko joku toinen henkilo tapaamistamme? Miten?

Miten olimme pukeutuneet, kun
tapasimme ensimmäisen kerran?

Minkälainen oli elämäntilanteemme, kun
tapasimme?

Kumpi ehdotti näkemistä uudelleen, ja
miten?

Asiat, jotka miellyttivät meitä ulkoisesti
toisissamme ensitapaamisessamme:

Miten suhteemme eteni ensitapaamisen
jälkeen?

Milloin suutelimme ensimmäisen kerran?
Missä?

Missä kävimme treffeillä ensimmäisen
kerran?

Mitä söimme yhdessä ensimmäisen kerran?

Milloin vietimme ensimmäisen yhteisen yön ja missä?

Ensimmäinen lahja, jonka ostimme toisillemme:

Ensimmäinen ruoka, jota laitoimme yhdessä:

Ensimmäinmen kerta, kun tapasimme
toistemme perheet ja mitä mieltä
perheenjäsenemme olivat kumppanista:

Mitä ystävät olivat mieltä kumppanistasi?

Oliko meillä ennestään yhteisiä ystäviä?
Keitä?

Mitkä asiat/piirteet saivat meidät ihastumaan toisiimme syvemmin?

_____vastaus:

_____vastaus:

Missä asioissa huomasimme olevan erilaisia?

_____vastaus:

_____vastaus:

Yleisimmät riidanaiheemme:

Miten sovimme riidat?

Asioita, joista molemmat tykkäävät:

Asioita, joista toinen tykkää ja toinen ei:

Asioita, joita tykkäämme tehdä yhdessä:

Asioita, joita tykkäämme tehdä erikseen:

Kuinka usein näemme toisiamme?

Kuinka usein haluaisimme nähdä toisiamme?

Asioita, joita ihailemme toisissamme:

_____vastaus:

_____vastaus:

Asioita, joita muuttaisimme toisissamme:

_____vastaus:

_____vastaus:

Arkipäivän asioita, joita teet ja jotka
saavat minut hyvälle tuulelle:

_____vastaus:

_____vastaus:

Mielestäni näytät parhaimmalta silloin, kun

_____vastaus:

_____vastaus:

Paras vaatetyylisi, josta tykkään:

_____vastaus:

_____vastaus:

Lempi ruokamme:

_____vastaus:

_____vastaus:

Milloin muutimme yhteen?

Minkälainen oli ensimmäinen yhteinen kotimme?

Mitä hyvää ja huonoa tuossa kodissa oli?

Missä asumme tällä hetkellä?

Kumpi teki päätoksen asuinpaikasta?

Asioita, joista tykkäämme nykyisessä kodissamme:

Listatkaa tähän kaikki kodit, joissa olette asuneet yhdessä tai jos ette asu yhdessä, niin kodit, joissa olette asuneet tapailunne aikana. Mainitkaa jokin hyvä yhteinen muisto jokaisesta kodista.

Miten ilahdutamme toisiamme?

Pieni teko, joka saa minut hyvälle tuulelle:

_____ vastaus:

_____vastaus:

Paras ruoka, jota olet tehnyt minulle:

_____ vastaus:

_____vastaus:

Paras lahja, jonka olet ostanut minulle:

_____ vastaus:

_____vastaus:

Listatkaa tähä kaikki yhteiset
lomamatkanne, ja jokin hyvä muisto
jokaisesta matkasta

Paras hellyydenosoitus:

_____vastaus:

_____vastaus:

Miten näemme toisemme tänä päivänä verrattuna ensivaikutelmaan?

_____vastaus:

_____vastaus:

Mitä yhteisiä suunnitelmia meillä on
tulevaisuudelle?

Kumpi tekee useammin päätokset ja missä
asioissa?

Missä asioissa kysymme neuvoa
toisiltamme?

Yhteinen perhe

Keitä perheeseemme kuuluu?

Lapset ja niiden nimet? Kumpi valitsi nimet?

Kuinka monta lasta haluaisimme saada?

Jos meillä ei vielä ole lapsia, miten nimeäisimme lapsemme?

Asioita, joita olemme oppineet
toisistamme asuessamme yhdessä:

Asioita, jotka tekevät arkemme toimivaksi:

Asioita, joista voimme olla onnellisia
tänään:

Suosikkimme

Tuoksu, jota käytät

Sinun vastaus:

Hänen vastaus:

Aihe, josta puhut

Sinun vastaus:

Hänen vastaus:

Ruoka, jota laitat

Sinun vastaus:

Hänen vastaus:

Hiustyylisi

Sinun vastaus:

Hänen vastaus:

Paikka, jossa olla kahdestaan

Sinun vastaus:

Hänen vastaus:

Paikka, jossa olla ystäviemme kanssa

Sinun vastaus:

Hänen vastaus:

Suosikkimme

Ravintola

Sinun vastaus:

Hänen vastaus:

Asia, jota tehdä iltaisin

Sinun vastaus:

Hänen vastaus:

Inhokkimme

Tuoksu, jota käytät

Sinun vastaus:

Hänen vastaus:

Aihe, josta puhut

Sinun vastaus:

Hänen vastaus:

Ruoka, jota laitat ·

Sinun vastaus:

Hänen vastaus:

Hiustyylisi

Sinun vastaus:

Hänen vastaus:

Paikka, jossa olla kahdestaan

Sinun vastaus:

Hänen vastaus:

Paikka, jossa olla ystäviemme kanssa

Inhokkimme

Sinun vastaus:

Hänen vastaus:

Ravintola

Sinun vastaus:

Hänen vastaus:

Asia, jota tehdä iltaisin

Sinun vastaus:

Hänen vastaus:

Mikä kappale muistuttaa meitä
toisistamme?

Mitä hyodyllisiä asioita olemme oppineet
toisiltamme?

Missä asioissa toinen on taitavampi?

Mikä on pisin aika, jolloin olemme olleet
erossa?

Mitkä asiat saavat meidät
mustasukkaiseksi?

Kumpi on mustasukkaisempi?

Miten ulkonäkomme on muuttunut
ensitapaamisestamme?

Hetki, jolloin olemme nauraneet yhdessä:

Hetki, jolloin olemme itkeneet yhdessä:

Hetki, jolloin olemme kumpikin olleet
hermostuneita:

Tilanteet, joissa kumpikin on usein hyvällä
tuulella:

Tilanteet, joissa kumpikin on usein huonolla tuulella:

Tilanteet, jotka tuovat nautintoa kummallekin:

Mitä tapoja toisissanne ette voi sietää?

Mitä tapoja toisissanne arvostatte?

Mikä on hulluin tilanne, johon olette
päätyneet yhdessä?

Listatkaa tähän pelottavia tilanteita, johon
olette päätyneet yhdessä:

Listatkaa tähän hauskoja tilanteita, joihin
olette päätyneet yhdessä:

_____

_____

_____

_____

_____

_____

_____

_____

Listatkaa tähän vaarallisia tilanteita, joihin
olette päätyneet yhdessä:

_____

_____

_____

_____

_____

_____

_____

_____

Hellyyttelynimiä, joilla kutsumme
toisiamme:

Jokin yhteinen vitsimme/inside-juttu:

Listatkaa tähän joitakin hauskoja
väärinkäsityksiä, joita olette kokeneet:

Kumpi

Siivoaa useammin:

Ajaa autoa useammin, kun molemmat olette kyydissä:

Laittaa ruokaa:

Pesee pyykit:

Sammuttaa valot:

Katsoo TV:tä enemmän:

Tuhlaa rahaa enemmän:

Herää ensin:

Ehdottaa useammin yhteistä tekemistä:

Urheilee enemmän:

Valvoo myohempään:

On kärsivällisempi:

Surffaa netissä enemmän:

Viihtyy suuressa väkijoukossa:

Päättä, mikä elokuva katsotaan:

On pitkävihaisempi:

Kiukustuu nopeammin:

Laulaa paremmin:

Kumpi

On romanttisempi:

Sisustaa kodin:

Tankkaa auton:

Ostaa ruoat:

Tekee korjaustyot:

Vie roskat:

Humaltuu useammin:

Suvun luona vieraillaan useammin:

Merkittäviä tapahtumia yhteiselomme aikana:

Lopuksi, listatkaa tähän hyviä asioita, joita haluatte sanoa toisillenne: